Ventana abierta
Antonio Moreno

Colección Baños del Carmen

Antonio Moreno

Ventana abierta

Premio Vitruvio de Poesía

EDICIONES VITRUVIO
Colección Baños del Carmen,
nº 1075

www.edicionesvitruvio.com

Un jurado compuesto por Cova Sánchez-Talón, Silvia Roa, Diana Muñoz y Pablo Méndez, acordó conceder el premio Vitruvio de Poesía a *Ventana abierta*, de Antonio Moreno.

Primera edición, 2026

© Ediciones Vitruvio
C/ Menorca, nº 44
28009
Madrid
Teléfono: 91 573 21 86

ediciones vitruvio, nº 1. 804
ISBN: 979-13-991477-4-2

Ventana abierta

A Bárbara

Tal fui yo entre los hombres, si todo no ha sido algún sueño.
Ilíada

AL DESPERTAR

Mi turno de palabra... ¿ya ha pasado? ¿Ya he escrito acaso el libro que soñaba? No lo sé, todavía no lo sé. O acaso no pretenda aún saberlo. A casi mil kilómetros de casa, regreso al día como quien renace. Miro llegar la luz a las paredes, oigo las aves del amanecer. Lo escucho todo sin mover los labios, como si fuese el dueño de esta calma. Parece que jamás hubiese dicho nada, que aún la vida fuera a hablar en mí.

LA PIEDRA PERDIDA

Me acuerdo algunas veces de una piedra. Acaso sea absurdo echar de menos un ser así de simple, lo que no es apenas nada, un canto de la orilla, un pequeño guijarro en un bolsillo, modesto como un mínimo planeta que llevaba conmigo en una mano. Pero me hacía bien su compañía. Su rojo oscuro, veteado en negro, custodiaba el paseo de una tarde, en donde un sol sin fin lo daba todo. Era como tener muy cerca el mar que la hizo rodar durante siglos, sonando gravemente en esa orilla hasta dejarla con un brillo intenso. Y en los días más fríos del invierno, si la llevaba dentro de la mano era bueno sentir su fino tacto, parecido a la espuma de las olas, y el calor que a los dedos transmitía. Era lo mismo que cuidar de un alma.

LAS COSAS
(J. S. Chardin)

Es esta la excepción. El punto del hallazgo milagroso, cuando la luz reposa en cada objeto dispuesto en la rutina de la mesa: esa copa de plata, su lustre concentrado -el mismo siempre, siempre tan distinto- dentro, en la intimidad de lo existente, en esta gran quietud donde el agua de un vaso forma una lente nítida; unas cabezas de ajos, con su blancura rota junto a un cristal sin dueño. Y poco a poco el tiempo se detiene. Se esfuman las preguntas y el temor, y uno es sólo presencia. Una presencia descansada y pura, a salvo entre las cosas.

EL RASTRO

Increíble parece lo vivido: que un día fuera un niño yo, con padres, con todo aquel futuro enorme, inmenso, azul como el azul de aquellos días, cuando todos estábamos reunidos y existir era un mito sin final.

Increíble parece ahora todo: que hayamos sido, que este mundo sea, que hayamos de pasar igual que sombras, que de ninguno de nosotros deba quedar nada, absolutamente nada. Ni tan siquiera un rastro de palabras.

EN EL LUGAR QUE SÉ

En el lugar que sé ahora mismo canta un
mirlo, ignoro dónde: tal vez desde esos setos
entre los que contrasta el verdor luminoso
-azahar y amarillos- de un limonero al sol.
O quizá aquí, en mi pecho.

En el lugar que sé cuatro palomas cruzan
entre el balcón y el monte, subrayando el
azul y el ocre de las rocas. Y alrededor la
tarde parece toda un canto. Como si allí
ninguno supiera de la muerte.

HASTA HOY

«¿Me quieres ayudar?». Sus manos blancas -unas manos pecosas, manos jóvenes que los años aún no han lastimado- hilvanando unas telas, y un hilo y una aguja con la línea metálica de luz que deja entre mis dedos.

«Busca la claridad para ver mejor la hebra». Y me la daba humedeciendo el cabo en sus labios maternos. Un hilo fino y blanco ante los ojos de quien no es nadie apenas todavía, nada más que eso, un ser de corta edad que mira atento.

Casi invisible todo: la hebra blanca, el ojo de la aguja, por donde, antes que el hilo, entraba el sol y toda la mañana, para darme con ella, desde entonces hasta hoy mismo, fortuna en la pobreza.

ENTRANDO EN LA CIUDAD

Entre la carretera y la vía del tren, pegada casi al mar, muy cerca de las rocas, crece una gran higuera cubierta de salitre, tiznada del hollín del tráfico y las máquinas. ¿Y cómo puede, en cambio, cada marzo, traer de nuevo a nuestros ojos un verde así de claro? En sus hojas el sol es un vitral muy puro. Olor a mar y a tierra que ya no merecemos.

VENTANA FRENTE AL MAR

Mira en tus manos el cuaderno en blanco. Sus páginas vacías te retratan con la mayor exactitud posible. Nadie, ningún pintor, ningún fotógrafo, podría reflejarte tan fielmente: sus imágenes son verdad y engañan. Nadie es más que estas páginas sin letras justamente porque uno es eso, nada, como las hojas blancas del cuaderno en donde todo siempre nace y muere, incluso el mar que ves aquí sentado, con su eterno principio y su final.

RARAS FICCIONES

¿Quién dudaría nunca de una silla? O de ese incontestable azul del mar, tras la ventana junto a la que he tomado ahora asiento. Ah, qué claros los nombres de las cosas.

Todo esto... La ventana, el mar, la silla, siempre han estado ahí, bajo los cielos, y siempre han de estar, dándonos sentido.

Pero, después de todo, si acaso uno se dice «yo» apenas ya sabría a dónde apunta esa ermitaña sílaba; o si nombra abstracciones como «muerte», como «ánima» o «conciencia». Barrancos, mitos, simas, raras ficciones en las que te pierdes.

APUNTE AL MEDIODÍA

Este contraste envuelto en la extrañeza: el sol que se detiene inesperadamente en un tablero con tres vasos vacíos, algunas servilletas de arrugado papel, el amarillo de unos altramuces. Ese secreto de una luz sin límites, distinta en la madera. Y el ruido intempestivo -tal vez vulgar- de unas voces, de rudas carcajadas rápidas, disolventes, distraídas. El sol tan quieto, al otro lado de esas risas.

AÑOS DEL MIRLO

Asocio aquellos años con un mirlo. Tras la ventana abierta, cada abril se escuchaba su canto intermitente. Oculto entre la hiedra y las palmeras, aquel silbido penumbroso y húmedo dejaba una verdad entre nosotros. En medio del dolor, por un instante, su esquiva voz venía a recordárnoslo: todo estaba en la cumbre, bien dispuesto.

DOS PLANTAS
(Lucian Freud)

Matas de regaliz y algunas aspidistras de alargadas, lustrosas hojas verdes y blancas. Todo un denso follaje de cientos de pequeñas hojuelas que se enredan en un tapiz de vida y acabamiento, unidos entre sí íntimamente: desde el nuevo verdor al gris y los marrones.

Así, *Dos plantas, Two plants*, se titula el cuadro. El pintor no ha dudado en omitir sus nombres. ¿Para qué? Sólo importan esas hojas calladas, surgidas de una luz igual de silenciosa. Los rostros y la carne y el cuerpo, en cambio, gritan. Ni siquiera dormidos dejan de preguntarnos.

REGALO DE REYES
(6 de enero de 2025)

Un cofre diminuto de juguete guarda cientos de conchas y cristales pulidos como joyas de la orilla. Conchas, pequeños vidrios de colores todavía con sal y un brillo tenue: todo fue venturosamente hallado en felices mañanas junto al mar, en tranquilos paseos silenciosos por la arena espejada de las olas -donde parece respirar el día-, o tras nadar muy dentro del verano, braceando en el agua de la infancia. Todo fue recogido con afecto. Vestigios de una dicha muy sencilla, a salvo en este cofre del tesoro.

¿POR QUÉ?

¿Por qué mentías tanto siendo niño? Apremiado por esa fuerza oscura, como algo inevitable, haciendo que los seres y tus hechos fuesen más de lo que eran, dime, ¿qué perseguías, parvulito mitómano, tú mismo actor y espectador a un tiempo de todas tus hipérboles? ¿Tan limitada te era ya la vida? ¿Tan pobre, tan menguada? A ti, que ahora el mundo no deja de colmarte con infinitos dones y tantos bienes, tantos como los otros mundos que cada noche ves brillar a lo lejos.

Pero también están las sombras del adulto y la mala conciencia, y este terco pesar con su cortejo hiriente de reproches que a menudo se acuestan en tu cama. El pasado es pasado, pero a veces nos quema. Ninguno de tus yerros, ni uno solo, ninguno ya podría ser borrado. Ni los malos poemas.

UN PUEBLO: MONÓVAR
(Homenaje a Azorín)

¿Qué siglo? ¿El XXI? ¿El XIX? En cualquier caso, el siglo de los pueblos. Un día del pasado o de la infancia. Esa especie de tiempo detenido en las paredes pobres y agrietadas donde desnuda el sol las grises vigas que desploman las lluvias y los vientos.

Por las calles de abajo, un mercadillo festivo disfrazado de Edad Media, gentes endomingadas entre inciensos y olores de encurtidos y jabones, de marroquinería y quesos rancios. Familias de paseo, feligreses saliendo de la sombra de la iglesia.

Calles arriba, por la parte antigua, las empinadas cuestas solitarias entre la claridad del mediodía. Casas bajas y humildes medio en ruinas hacia la ruina grande del castillo, casas que suben fatigosamente como los gatos que se ven, hastiados. De un portal sale una mujer en bata. De otro, empieza a ladrar y oler un perro, resoplando el hocico en la madera.

Y en lo alto, coronando una colina, nadie,

unos pinos, una vieja ermita con su ascético atrio porticado por arcos y columnas sobre piedra, a donde pasa el viento de noviembre. Y el panorama, en torno, de unos cerros. Y caminillos por marchitas tierras, y esa manchada alfombra de tejados solos bajo un azul crecido y puro.

Allí, junto a los pinos, nuevamente, la luminosa vibración del aire, el retorno imprevisto al que uno fue, cuando este mundo parecía eterno, al margen de la edad y de las horas: leve, sin ningún peso.

CASA ABANDONADA

Nada más que la sombra del que llega y escucha en el lugar desierto. Por todas las paredes, vacías, desconchadas, el mismo aire dormido. Nunca deja de oírse el pulso de la sangre latiendo en los oídos.

CAMINO DEL TRABAJO

Esta escena que acaba de pasar, que he visto desde el coche por los huertos camino del trabajo. Apenas nada. Un grupo de braceros africanos, tal vez senegaleses, formando un círculo perfecto en torno al tonel herrumbroso en el que ardía un fuego. Un tonel puesto en medio de la tierra.

Su aureola de luz y de calor entre el intenso frío y los granados. Las esféricas llamas entre el óxido y el círculo de pobres con las manos tendidas a la hoguera, todos en pie, sin musitar palabras, como reunidos en un oratorio después de haber cumplido con las demandas de la vida.

Lo he dicho ya: apenas era nada muy concreto. Salvo por el vigor de ese disco de fuego, que también despedía mansedumbre y bondad. Algo innato e inocente que ha estado entre nosotros desde hace muchos siglos, y que destella en torno algunas veces.

EN EL CUARTO

Cuántas creaciones en la quietud del cuarto
medio en penumbra, de vuelta a una verdad
tan despojada, tan sencilla y sin ciencia que
cuesta hasta decirla, esa raya de sol muy
clara y categórica, trazada en el espacio y
sobre el suelo, cuando uno sabe y ve muy
claramente que nada, ni siquiera las
infinitas motas en suspensión tocadas por el
sol de esta tarde, nada, ni el más pequeño
ápice de esos átomos que brillan en galaxias,
ni una sola presencia es fruto del azar,
puesto que aquí se juntan todos los seres,
justo aquí mismo, en quien se sienta, mira y
está sencillamente, y no es más que eso, otro
punto en la luz, sólo mirada en medio de las
cosas.

GORRIÓN

El más cercano, el más amigo de los hombres. A lo largo del tiempo, casi sin darnos cuenta jamás nos ha faltado su saltarina ayuda: sus brincos de juguete, los repentinos vuelos de la tierra a unas ramas, y otra vez a la tierra, por los mismos lugares en los que lo hemos visto bañarse en un charquito, comer de nuestras migas. De su vida tan breve aprendimos a ser acaso más humildes, más fugaces y eternos. Por su alada, gustosa fragilidad supimos mirar el mundo a veces lo mismo que una casa.

EL PASEO

A menudo recuerdo aquel paseo una mañana hermosa de diciembre, una mañana tibia y despejada sobre los setos y los campos. Íbamos los tres contentos (tú, tu hermana y yo) de poder disfrutar del sol y el aire. Durante unos minutos olvidamos tu enfermedad, la incertidumbre, el miedo, y charlábamos yendo lentamente, como escuchando un ritmo recobrado. Una canción surgida de la tierra.

«Mirad qué perfección, aquellas rosas, y esos cañizos de las tomateras». Y la belleza estaba allí, en tu casa. Y en los alrededores de tu casa. Todo el mundo al alcance de la mano. «Mirad el rastro de los caracoles, cómo destellan todos con la luz». Y nos dijiste cómo se llamaba esa estela, pues todo, o casi todo, tiene un nombre. No sabes la de veces que he tratado de recordarlo, siempre inútilmente.

Miro el rastro de los caracoles, y tengo aquellos pasos y aquel día y a los tres en la punta de la lengua. Y todavía espero a que me digas aquel nombre olvidado.

31-12-2023

A un lado del paseo, el mar se extiende azul, grisáceo, en calma, como si toda la bahía también gozara del domingo y del reposo.

Enfrente, se dibuja la silueta cercana de la breve isla con el faro, su pequeño poblado y la muralla en torno a una iglesia. Aún joven, un tipo estrafalario, un extranjero, solo, de pie sobre una roca, monologa de espaldas al paseo y a quienes lo contemplan. Lleva los pies descalzos y un largo abrigo, casi talar, que las olas salpican. Habla como Demóstenes lo hacía, al horizonte y a los vientos. Alza la voz en una lengua extraña, da un giro sobre sí, tiende al mar las dos manos, igual que quien suplica, implora y gime al tiempo que maldice, sin esperar respuestas. En algo se parece a los mendigos azules del primer Picasso.

Mientras, en sucesivas filas, alineados en hileras negras, vuelan frente a nosotros, rozando el agua, unos cormoranes. Marchan en oleadas completamente ajenas a todas nuestras vidas, siguiendo su destino al margen de cualquier concepto. Se distingue a lo lejos, todavía, la voz del hombre, casi velada por el mar.

Esta es la paz del último domingo del año, pienso mientras vuelvo a casa y suenan las noticias de la radio, Ucrania y Palestina masacradas, devastaciones, niños, madres, la inocencia bajo las bombas, la sangre, los escombros hacinados sobre cuerpos y más escombros, y el temblor de los cráteres, esa rara quietud que sobreviene luego, después de todo. Y el silencio, los gritos, el espanto, la rutinaria suma de los muertos en la antesala, en la dominical víspera de otro año con sus uvas, con sus mejores votos de salud, felicidad y amor.

¿Pero quién puede pronunciar el nombre de la guerra? Nunca existió la guerra, la guerra legendaria de los libros y el pupitre, aquella guerra heroica de los justos. La fuerza de los dioses invocados por un pueblo elegido, los brazos levantados de Moisés, David contra Goliat, el escudo que Hefesto le hizo a Aquiles: nunca existieron; ni el «sólo de hombres, digno y noble estado» que dejó escrito Aldana.

Nada más que el horror impronunciable, un horror mudo, innoble, hambriento, para el que nunca ha habido ningún nombre, como

ese desamparo de quien hablaba a solas
frente al mar.

LADERAS DEL MONTGÓ

¿Será feliz quien viva en esa casa? Cuando amanece, tiñe el sol de púrpura los muros encalados, como lienzos por donde asoman hiedras y jazmines, buganvillas, azules de plumbagos. En torno, suena el viento entre unos pinos que cubren el camino con sus hojas. En torno, el azahar y la resina avivan el olor a tierra húmeda. Apenas nadie pasa por la puerta.

La punta de un ciprés señala la hora invisible, la fecha sin orillas: aves del alba; aves del ocaso, cuando vuelven las sombras y se enciende, tras un cristal, la lámpara nocturna. El rocío comienza ya a mojar cada piedra, las hojas de los árboles. Y nada puede verse, envuelto en noche, salvo esa luz detrás de una ventana. ¿Será feliz quien viva en esa casa?

EJE TERRESTRE

Aunque dé tumbos, por más que vaya de un sitio a otro, nunca he dejado atrás este eje de rotación, esta quietud inalterable, perenne, en calma, que nunca cesa. En torno, rondan cielos y soles, giran las muertes junto a las vidas y las edades igual que un trompo yendo, volviendo. Aquí, en la sangre, nada ha cambiado, intacto, quieto.

ARQUÍLOCO DE PAROS

Cualquier pasado se parece a un ánfora o a una crátera rota, y un fragmento -el dibujo de un pie, el torso de un joven- puede decirnos más así, en su ruina, como señal, que siendo un todo pleno. Y así nos han llegado tus poemas, apenas más que trozos de palabras, trizas, diseminados versos sueltos. Pero qué vivos todos, qué colmados de la abundancia de quien respiró hasta el fondo sus días y sus noches.

Me recuerdo lo mismo que un fragmento. Yo era un muchacho junto a un mar en calma, el mismo que miraste tantas veces -«aquel vivir del mar» de un verso tuyo-, y hallaba en ti la guerra y el amor, el aroma bravío de la higuera o a una joven que juega con un mirto; el nacimiento de la tempestad que arrebata las vidas y el consuelo al amigo que llora alguna pérdida. Y nunca nadie como tú animó al corazón en medio de desgracias: «Álzate, corazón, de innumerables tristezas agitado». Nos levantas ahora exactamente igual que entonces.

EN LA PLAYA

Tras el baño, las gotas caen, resbalan poco a poco, quedan como un sueño en la piel, y en todas luce el sol de la mañana. Hasta que se evaporan y nos dejan el tenue rastro de la sal dormida, invisible a los ojos pero cierta en el tacto que la siente.

Y el puñado de arena con la huella del sol que se desliza suave entre los dedos contiene el ser de todas las montañas, de todas las auroras y las manos de ayer, de ahora y siempre, que la toman, agradecidas, en su oquedad de cuenco. Lo mismo que alguien que es feliz sólo con agacharse y recoger un poco de agua.

VENTA ROCÍO

En torno, el frío matinal de otoño. El frío
azul y solitario previo al comienzo del día.
Fugaz, algún motor, como una línea muy
simple y recta trazada en el silencio del
camino. Unos perros hastiados, el
monocorde tono de un mochuelo. Ya cerca
de la venta, tras las luces absortas, tras la
cortina gris de canutillos, el ronco coro
espeso, aguardentoso, de unas voces
agrias, voces de jubilados, de hombres
jóvenes con ropas de faena y los ojos
vidriosos.

Dentro, el olor a anís, a carajillos, las
charlas estridentes, como si nadie hubiese
aquí dormido. Y una pantalla sorda en la
pared -qué extrañas las noticias mudas,
solas-, y la mujer que atiende, la
«Princesa». Y esto que late más dentro, en
la piel, este pan de oro, esta hermosa
magia al despertar del día cerca y tan lejos
de ese ruido eterno. Esto sin pronunciar
que está pasando, igual que una canción
jamás oída hasta ahora.

DE ESTO

De esto que está diciéndose oído adentro, en la conciencia plena; de esta voz inaudible y cristalina -aunque tan musical- que a veces vuelve, como si nuestro cuerpo y sus inercias tan sólo fueran cáscara, una inerte envoltura destinada a esperar este feliz regreso; de esta cadencia que es y no es un canto y es más certeza que cualquier saber; de esto que está diciéndome desde el primer aliento de mi vida; de esto que trato de nombrar en balde, de esto, sin duda, mejor será no pronunciar palabra. O ser humilde y balbucirla igual que quien trata de hablar en un idioma extraño.

UN APUNTE

Como si nada, delante de nosotros en plena
calle, un gato trepa a un árbol. Abra-
zándose al tronco, su cuerpo vertical es un
prodigio. No parece que pese. En un suspiro
asciende hacia las ramas y sin pensarlo salta
a un balcón con geranios y una silla de enea.
Diría que conoce bien nuestra vanidad de
pobres gentes. Desde ahí, nos observa
desdeñoso.

¿QUIÉN ERES TÚ?

¿Pero es que siempre habrá que dar respuestas? Puestos a contestar, supongo que alguien a quien le hace feliz andar y ver desde que asoma el sol, y nada busca. Alguien que ama los versos que despiertan, los cuadros que iluminan este mundo, la música que enseña a oír mejor. Y a esos seres que irradian luz y vida. A quienes son regalos del destino, un don que no esperábamos. El que habla a veces con los animales, igual que quien conoce mil idiomas. El que halla en sí otra música escondida. El que respira eternidad y en cambio no deja de tener presente el tiempo, los años que han pasado, los que restan, los que aún le quedan para seguir viviendo así, contigo, viéndote escuchar a quien te mira, a este que existe ciertamente porque tú lo miras.

NO ESPERA

No espera uno absolutamente nada. Ni la condena ni la salvación. Ni el cielo prometido ni el infierno -legendario, humeante, sulfuroso- que amedrentó las noches de la infancia.

El aullido nocturno de los trenes, las solemnes sirenas de los barcos agrandaban las simas del misterio, la lóbrega oquedad que había al fondo, tras el final de todo lo viviente.

Tal vez seamos ya lo que seremos: invisibles, como antes de haber sido. No espera uno absolutamente nada. Pero cuánto daría por volver a ver allí vuestros amados rostros.

CEMENTERIO MILITAR ALEMÁN DE YUSTE

1

Late un réquiem en cada cementerio. Estas hileras, estas formaciones, el orden de las fechas y las cruces a ras de tierra, al pie de los olivos. El sendero entre robles y madroños. La capilla con arcos y columnas abierta a un Dios anónimo y al monte: todo pronuncia un himno, entona un réquiem compuesto por los nombres y las tumbas sobre el silencio de quien lee en las cruces.

2

Tras un invierno seco, abril de lluvias. Abril de largas horas de borrascas en medio de los días claros, tibios. Ayer hubo ventisca y nieve en Gredos; hoy nos exalta, azul, la primavera. Nuevas frondas, torrentes, ruiseñores bajo las cumbres blancas, de camino. Al poco de llegar, sobre las cruces, reverberaba el canto gris del cuco, ese canto pautado como una *u* onírica flotando entre las tumbas, celebrando la dicha de estar vivos. Después todo volvió a vuestro silencio, junto al verdor naciente de la tierra.

3

Un *locus amoenus*, un lugar apartado:
vuestra última morada. Un huerto más, al
lado de una alberca. Quizá un lugar donde
la paz habite. Pero siempre serán los vivos
quienes deban pedir piedad, quienes
supliquen el perdón por haber traído el
llanto y sembrado de muertos tantas tierras,
por llevar el infierno a tantas vidas como
hicisteis en vuestros breves días. Vednos: a
estas alturas de la Historia, después de
todo, no existe ningún otro lugar ameno que
el silencio. No el de estos campos, no el de
los olivos sino el silencio en que respiran
todos -íntimos, hermanados con sus
sombras-, los que murieron, los que ahora
alientan. Sea siempre la piedad para los
vivos. Para quienes custodian las cenizas.

4

Ein unbekannter deutscher soldat, leemos:
«Un soldado alemán desconocido». Me
acuerdo del final de aquel soneto que
Garcilaso dedicó a su hermano menor,
Hernando de Guzmán, en Nápoles. Versos
para una lápida, en los que habla el propio
Hernando. En voz baja lamenta morir allá,
«tan lejos de mi tierra». Tú, que ya ni
siquiera tienes nombre, sabes mejor que
nadie lo que somos: incógnitos, dudosos,
vanos seres tan invisibles como tú en tu
nada. Quienes llevan su luz hacia el olvido.
Quienes se hallaron lejos de este mundo.

5

Late un réquiem en cada cementerio, una ofrenda, una música escondida. Contra el caos y los cuerpos abatidos, frente al hacinamiento de despojos, de todos esos jóvenes segados, estas líneas de cruces con sus fechas, el solemne orden de unas cuantas filas como una marcha hacia ninguna parte. Pero ese canto suena por nosotros, los que miramos esas cruces negras, los que sólo escuchamos, los perplejos, quienes nos acercamos a esta orilla, en donde todos son desconocidos.

URRACA

La voz leñosa y breve de la urraca, que no es amable sino hosca y áspera, que siempre escapa en turbia huida de quien la escucha, queda, no obstante, fija en su eco, y de pronto nos lleva a una rara e imprevista intimidad, como la rama que cruje bajo el pie y la elegimos porque alguna noche valdrá para ampararnos cerca del fuego.

INMUEBLE DE ARRABAL AL COMIENZO DEL DÍA

Cualquiera pensaría en un *collage* abigarrado, pobre, y en una extraña voluntad de forma, como si en realidad hubiese un fin, algún designio incógnito, quizá un diseño: los toldos desflecados, con jirones que agita un aire frío, toldos azules, toldos verdes, rotos, de desteñidas rayas amarillas en balcones exiguos sin yeso ni pintura. Despoblados balcones semejantes a nichos, a las celdillas de un panal desierto; alicatados otros, como un baño abierto a la intemperie, sin nada reseñable en que poner la vista. Si acaso, una bombona de butano y su azafrán metálico, tiestos vacíos sin ninguna planta, alguna vieja silla, ropa vulgar tendida en una cuerda.

Y en mitad del baldío, en medio de esa ausencia, de esa uniforme variedad cromática, un verdor claro, un blanco nuevo, nítido el único balcón con unos lirios, donde cada átomo del sol dispone, acaso sin saberlo, el aroma y la flor, su forma de trompeta.

EL BÚCARO

La tarde está avanzada. En el cuarto en penumbra puede verse aún, sobre el barniz de la madera, cómo reposa un brillo blanquecino, muy tenue. Un último destello del día que se apaga. Es el pequeño búcaro, que unas manos crearon para mí con un poco de barro. Mientras lo miro, todo está en silencio. La tarde está marchándose definitivamente hacia la noche. Y es grato estar así, tan sólo viendo, acompañado por el breve brillo de una arcilla esmaltada.

AQUÍ

Por fin de nuevo aquí, donde creímos que nunca más habríamos de estar. Aquí, que no es ningún sitio en el mundo y sin embargo viene a ser el mundo. Aquí, que no es ni música ni letra, pero es como una música y es todo porque se dice en todo y está diciéndonos desde que el sol asoma junto al gallo hasta que deja el cielo para el grillo. Diciéndonos según transcurre el día, porque somos la luz de la mañana y la oquedad vibrante de las noches.

Por fin de nuevo aquí, donde hizo falta perderse un poco, desaparecer un tiempo para ver, tras ser apenas. Para volver a oír después de tanto.

JÁVEA, 1988

Aquel año empecé a impartir mis clases. Era joven, y el mundo igual de joven. Tenía yo el amor, algunos libros, y eso, lo mismo que ahora, me bastaba. Los días eran lentos, más serenos. En torno, olía al mar y a los naranjos, y era el olor de la felicidad, de una secreta dicha sin testigos. Abundaban los cielos cristalinos, de un aire limpio que dejaba ver desde el cabo la costa azul de Ibiza. En el mercado, era grato oír acentos de otras lenguas, pronunciadas sin levantar la voz, y el valenciano tranquilo y melodioso de las gentes. En cierto modo, entonces me sentía igual que todos esos extranjeros que habían elegido aquella tierra y aquella orilla del Mediterráneo para vivir el resto de sus vidas. Muchos trataban de olvidar, supongo. Atrás dejaban cielos grises, húmedos, inhóspitas historias y ciudades. Buscaban el azul y el sol de invierno. Trataban de vivir aquel presente. Nosotros dos vivíamos, en cambio, sintiendo en cada día una promesa. Era joven, y el mundo igual de joven.

LA CALLE AMARILLA

La vida no es posible sin belleza. Ni estar despiertos sin sentir verdad. Existen los despachos fluorescentes, los centros comerciales y aeropuertos, el impasible asfalto de autovías y la velocidad de los urgidos.

Dentro de mí, muy cerca de mi casa, puedo ver una calle que frecuento siempre de paso: algunos edificios sin apenas carácter, salvo el ocre y el amarillo suave que los unen. Allí, por las mañanas, baja un sol teñido del color de esas fachadas, una luz ambarina, vieja y nueva, como si el día fuese diferente.

Tres o cuatro gorriones me han mirado pasar bajo un balcón con unos brotes y he pensado un instante en la belleza.

TRAS LA PUERTA
(Venta Rocío)

Cero grados al alba, en la hora añil del frío.
Qué irreal, tras la puerta, en el calor
espeso, toda esa gritería confusa, áspera,
bronca. El reloj de pared y la pantalla sola,
y un perro de tres patas saltando como
puede -como con prisa- entre las piernas, y
el tipo taciturno y hosco y sucio, el que
vocifera a unos que están entrando: qué
irreales también, igual que la conciencia.
Como el que viene, se sienta ante el café,
marcha luego al trabajo y pronto se le
olvidan estas cosas.

UNA MUCHACHA
(Bajorrelieve griego, s. V a. C.)

Igual que los gimnastas, la muchacha tañe la
flauta sin ninguna ropa. Tan sólo un paño
ciñe su cabello. Es joven, como el tiempo de
la música. Dispuesta sobre un bajo asiento,
en calma, arquea una rodilla sobre la
otra. Respira y hace que destile el aire.
Guarda su desnudez para la música.

EN ESTE OTOÑO

Otoño y primavera se parecen, como el amanecer de cada día y los lentos carmines del ocaso. Respiro el sol que baja en este octubre: jamás ha sido así de mío el árbol. En torno, ahora, es más exacto el mundo, más claros sus perfiles, más hermosos. La vida, en cambio, qué irreal, qué extraña. Sólo el amor me guía. Allá, en lo oscuro, creo sentir las voces de mis padres.

POR EL MONTE

Todos esos sucesos que intervienen mientras
cruzas el monte, la libélula y su brillo
metálico entre el brezo, las alas verdes de
una mosca grande, como dormida sobre
aquella roca, el ave -¿una rapaz?- que te
evitaba volando muy veloz hacia un olivo:
todo eso cada día está formando el vínculo
invisible de las cosas.

EN UTOPÍA

¿Qué deberemos entender si digo: «Hoy el cielo ha venido con tal ímpetu, con un azul tan hondo e inconcebible que de una vez se me ha colado dentro, llenando con su luz mi corazón»? ¿Por qué le habré llamado *hoy* a un tiempo decidido a durar en mi destino, en los días que siga respirando? ¿Y por qué llamo *cielo* a cuanto no hace sino bajar al hombre que lo mira, como el sol que desciende a un cuarto oscuro, bajar y más bajar, para quedarse muy vivo y muy adentro, en las entrañas? ¿Y dónde está, decidme, el corazón colmado por el cielo de esta hora? ¿No será en la leyenda, tan hermosa, de todas nuestras vidas, en ningún lugar preciso, ya se ve, en el aire?

EL SUEÑO

Anoche tuve el sueño más hermoso. Caminaba por una vieja casa, una casa que yo no conocía, de altos techos, muy grande y penumbrosa. Detrás, en cambio, había un patio verde con el suelo de tierra abierto al día y a una colina de pendientes suaves, cubierta de un verdor igual de claro. Veía un cielo intenso, luminoso, un aire limpio de mañana fresca. Y había allí también algunos árboles.

No sé quién era yo en el sueño, si era un hombre con mi misma edad y vida, alguien con mis recuerdos y mi historia u otro con un destino diferente. Ni sé siquiera cuál era mi aspecto. ¿El de un tipo maduro? ¿El de alguien joven? La piel, los pies, las manos, ¿cómo eran? Veía. Nada más. Y caminaba lo mismo que un testigo no visible.

Al poco todo se aclaró al hallarte, porque la claridad de ti venía. ¿Cómo es posible? Estabas en el sueño igual que entonces, como si no hubiese pasado todo el tiempo que ha pasado, tantos y tantos días, tantos años. Estabas unos metros más arriba, ensimismada, pensativa, a solas, tan plena

como aquel verdor alegre hecho con el
secreto de la dicha. El sol del mediodía te
tocaba. Daba en tu pelo rubio, en tu jersey
azul marino con su franja clara.

Yo era feliz, y no me conocías. No, no me
conocías -«Pero el caso es que tu rostro me
recuerda a alguien»-. Y sin embargo yo sí
que conocía las muchas maravillas que
aguardaban a que los dos tendiéramos las
manos como el que toma el agua de una
fuente. Qué bien podía ver nuestro futuro.
Te lo dije, lo mismo que quien sabe de
antemano el color de su destino. Y yo era el
hombre más feliz del mundo porque en
aquel lugar te había hallado.

LAS SOMBRAS ERRANTES
(François Couperin)

Cantan también las aves con su vuelo, quizá
mejor que con el propio canto. A menudo
las hallo como ahora, trazando unas figuras
en el aire. Y traslucen entonces cierta
música diáfana en su perfecta geometría.
Un ritmo, unos acordes de verdad que
escucho en cada ser, en cada gesto: en las
manos que toman otras manos, en los pasos
que siguen el camino y en el camino mismo,
y en las nubes teñidas del carmín de este
diciembre. La escucho y no me canso de
escucharla como un saber que lo comprende
todo, incluso nuestras vidas pasajeras. Y
acaso la raíz de nuestra muerte.

VENTANA ABIERTA

1

Dejas entrar el aire -un aire fresco, limpio,
mojado aún de madrugada- hasta dentro del
cuarto y los pulmones. En torno, la ciudad
sigue dormida. Se nota ya el olor del alba
abriéndose paso por el silencio de la noche.

En la calle desierta, sólo un pájaro. Canta;
calla. Después regresa al canto, hilvanando
la noche con el día. Antes de irte, mientras
amanece, respiras nuevamente con amor el
aire de la calle.

2

Ante todo, si acaso quieres ver, no enturbies tu alma. No la emponzoñes más con vanas quejas. No existe un mal mayor que tus lamentos, hechos todos de humo e inexistencia. Que cada amanecer te traiga un día. Un día para ti, enteramente nuevo. Ni el ayer ni el mañana son reales; ni siquiera lo fue ese adverbio, «ahora», esa pueril palabra.

Pero ante todo, si es que quieres ver, no taches ni repruebes ni condenes, porque es a ti a quien tachas y condenas, hasta quedarte ciego. Tu patrimonio es ver. Nada más que eso, mirar cómo regresa el alba, cómo la luz enciende cada forma y late desvelando sin prisas los colores, el árbol de la calle, sus sombras en la tapia.

Atiende bien y mira: ver y amar desde siempre fue lo mismo. Es esta transparencia más allá de los tiempos.

3

¿Te acuerdas? Tú, tan joven, casi un adolescente, leyendo aquel tratado del filósofo sobre la brevedad de la existencia, *De brevitate vitae...* El lapidario título, inapelable, igual que un epitafio, hablándote del tiempo fugitivo, del día malgastado en derroche sin límite, como el montón de arena que escapa entre los dedos y se reduce casi a nada, a un hueco, a una perpleja edad, a esa menesterosa suma de años que en verdad hayan sido bien vividos.

Quizás de entonces venga esa codicia, esa avidez, tu afán por ser el dueño de tus horas. ¿Y de qué habría que adueñarse, después de todo? ¿Cuánto dura este tiempo; tú mismo ante el cristal que mira al mediodía? ¿Cinco, siete minutos?

No es preciso más: basta con asomarse al río de la tarde, a su mudable claridad perpetua. Para que tu pobreza quede a un lado, muy lejos de las cuentas de una vida.

4

No llega a oírse cómo el viento agita, tras el cristal, las hojas de las ramas. Sólo existe esa hipnosis para el ojo, toda esa multitud vibrante, densa, de verdes hondos entre verdes nuevos que habla con el sol el día entero.

Hay un cristal, pero nada está cerrado. Hay este espacio con sus cuatro márgenes que encuadran la mirada, aunque no un límite, no una frontera ni ningún confín, sino un acto perenne, una fuente, esto que está ocurriendo y nunca, nunca cesa, donde nacer, morir, son hechos vivos, tan necesarios, íntimos y unidos como estos cuatro flancos del cristal.

5

Un hombre religioso, sin creencias. Sin dogmas ni doctrina ni evangelio. Sin templo con paredes y columnas donde cumplir con ritos o liturgias. Quien se limita a estar de pie y contempla como el que sale de su casa y mira confiándose al aire de la tarde, y se alegra con cosas no esperadas.

Alguien que se limita a estar callado, sin palabras que salgan de su boca. Quien nada más se para a ver lo visto, lo que creyó que ya tenía visto y de repente cobra vida nueva.

Un hombre cuya fe es una ventana con su cristal tan claro y transparente, de par en par abierta al universo.

6

No puede haber un mapa más perfecto: ante
el cristal el viento esparce flecos de agua que
se desploma en los tejados, que corre por la
calle igual que un río. Hasta el cristal, como
un pintor abstracto, el viento arrastra en
ráfagas las gotas, constelaciones, formas de
la luz (cada una con su mínimo fulgor)
resbalando, creando nuevos trazos. Pasa-
jeros, efímeros destinos de donde nacen más
y más figuras.

Durante un breve instante cada gota parece
detenerse a meditar, a elegir su camino en la
conciencia. Parece estar creando el mapa de
la vida.

7

Si toda tu esperanza de vivir, igual que la de ciertas criaturas casi invisibles, mucho más que efímeras, si toda tu esperanza no alcanzase a más de lo que dura un solo día, y desde este ángulo entre dos paredes hubieras de exponer lo que es el mundo, dirías que una gran masa de luz, grávida como un cuerpo cayendo hasta el deslumbrante agosto. Un aire incandescente hendido por el canto de cigarras, flotando en la quietud de las aceras.

Dirías que la vida es un incendio, una explosión de ser sin otro límite que este punto enmarcado en cuatro lados. Donde tus opiniones y tus juicios -tanta universalidad, ay, tanta trascendencia- y tus máximas no han tenido nunca más entidad que el ala de una mosca.

8

Estar aquí es estar en el principio. En el comienzo de no sabes qué, pero es como un umbral abierto a todas partes. El punto del que emerge lo inminente: cuanto los ojos van hallando mientras, la perspectiva de la calle a solas bajo el sol de la siesta y el verdor bullendo hondamente entre las ramas.

Todo parece reducirse a eso: las hojas en el árbol de la calle, el vespertino sol sobre la acera, por donde no camina nadie ahora.

Lo demás, lo otro, el intangible ayer, nadie diría en alto que ha existido.

9

En la hora ambigua del atardecer, entre dos luces, cuando el cielo cambia y une la oscuridad a un rastro argénteo, cuando ya no es de día ni aún de noche, sosiega el ánimo mirar la calle. Ver cómo, poco a poco, alrededor, según van transcurriendo los minutos, las ventanas empiezan a encenderse desde los edificios más cercanos hasta el final, al fondo de la acera.

Todo parece respetar un orden antiguo, silencioso, delicado: como si aquellos puntos vivos, trémulos, fuesen constelaciones necesarias, racimos de planetas y de estrellas.

Piensas en todo el tiempo que has gastado. Sabes que tu futuro está extinguiéndose. Y hoy, sin embargo, aún eres un punto más de luz que se suma a esa calma, mientras se cumple el día y cae la noche.

ÍNDICE

Ediciones Vitruvio

Colección Baños del Carmen

Últimos libros publicados:

Las flores del mal, de
Charles Baudelaire

En mi cuaderno de
viaje, de Carmen
Maga

Declaración jurada,
de Manuel E. Castillo

Siempre Domingo, de
Pascual García

Escribir Silencio, de
José A. Alfonso

Ciento cincuenta
voltios, de David
Alberti

Que nada se olvide, de
Álvaro Fierro Clavero

Ayer es mañana, de
José Elgarresta

Y ahora sorpréndeme,
José Ramón Silva

Playa sin mar, de
Eduardo Crespo

El mar mientras
duerme, de Santiago
Gómez Valverde

Madame Podeva, de
Natalia Ruiz-Poveda

El hombre que
alimentaba su alma,
de Sergio Macías

A la tarde, de María
Paz Otero

La ingravidez que
somos, de Antonio
Ríos

La ilusión del indulto,
de David Minayo

El vigor, de Leonardo
David Segado

Balcones azules, de
varios autores

Música Rusa, de
William Jonhsnton

El lenguaje del
número, de Juan
Pedro Carrasco

Doce voces, una voz,
de Jaume Mesquida

Memoria del frío, de
Ricardo Ruiz

Acceso a la vida, de
María José Pérez
Grange

La fama pregonera,
de Jesús Mauleón

Equipaje de
momentos, de Carlos
Guerrero

Habrá poetas, de
Mikel Ceniceros

El único umbral, de
Diego Doncel

Mil años de poesía
(1000-2000), número
mil de la colección
Baños del Carmen

Autobús nocturno, de
Luis Machuca Moreno

Donde nadie dirige la
mirada, de Fernando
Fiestas

Siempre promete
amanecer, de Ignacio
Eufemio Caballero

Recuento de ilusiones,
de Norberto Garcés

Y la que escucha no es
ella, de Silvia López
Ripoll

La levedad, de
Cristina Liso

La niña que ha
sembrado la tierra del
poema, de Josela
Maturana

Despacio y tiempo, de
Angie Expósito

El agua en la mano,
de Félix Recio

Parábola entre
parabólicas, de Pablo
Villa

Que no nos pase nada,
de Federico Jiménez
Asenjo

Fiebre del olvido, de
Leonardo David
Segado

Luz de labio con el
beso dentro, de Pedro
Villarejo

Luces en la sombra,
de María José Pérez
Grange

Vivo en la carretera,
de Emilio Alonso

Con el paso del
tiempo, de Elena de
Jongh

Hambre y sed de
paraíso, de José
Ramón del Canto

Cajas, de Nieves
Viesca

La sangre en dos
orillas, de Pablo Villa

Para saber que existo,
de Karlos Linazasoro

Esta es la noche, de
Jesús Ayet

Entre la herida y la
sombra, de Sonia
María Riera Gata

Deja la vida en paz,
de Pilar Úcar

Poemas dedicados, de
Encarnación Sánchez
Arenas

Entre dos mundos, de
Julián Borao

Esta es la noche, de
Jesús Ayet